Me Llamo Homero

visitenos en www.flyingrhino.com

Dirección: P.O. Box 3989
               Portland, Oregon
               97208-3939

Dirección de Correo Electronica:
bigfan@flyingrhino.com

Número de Control de la Biblioteca del Congreso
00-135791

ISBN 1-883772-80-X
ISBN de la colección Farmer Bob, En la Granja
1-883772-87-7

Impreso en Mexico

Me llamo Homero.

3

Me llamo Homero, el Carnero Homero.
Me gusta contar.

Veo una perrita lista.

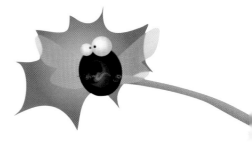

Espio dos ranas a la vista.

Aquí a mi lado veo tres vacas.

Allá veo cuatro puercas, no son flacas.

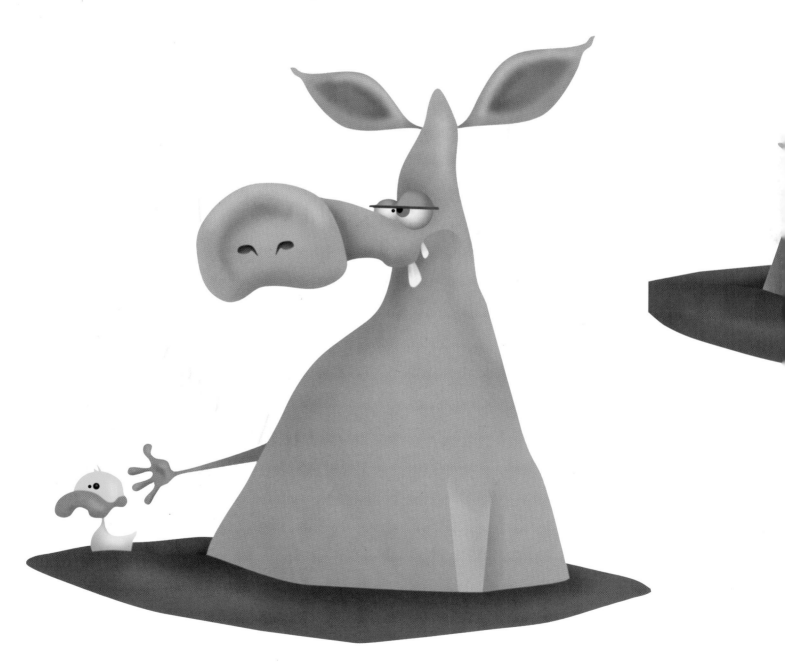

Veo cinco ovejas con el ojo mio.

Oigo seis pollitos que dicen
pío, pío, pío.

16

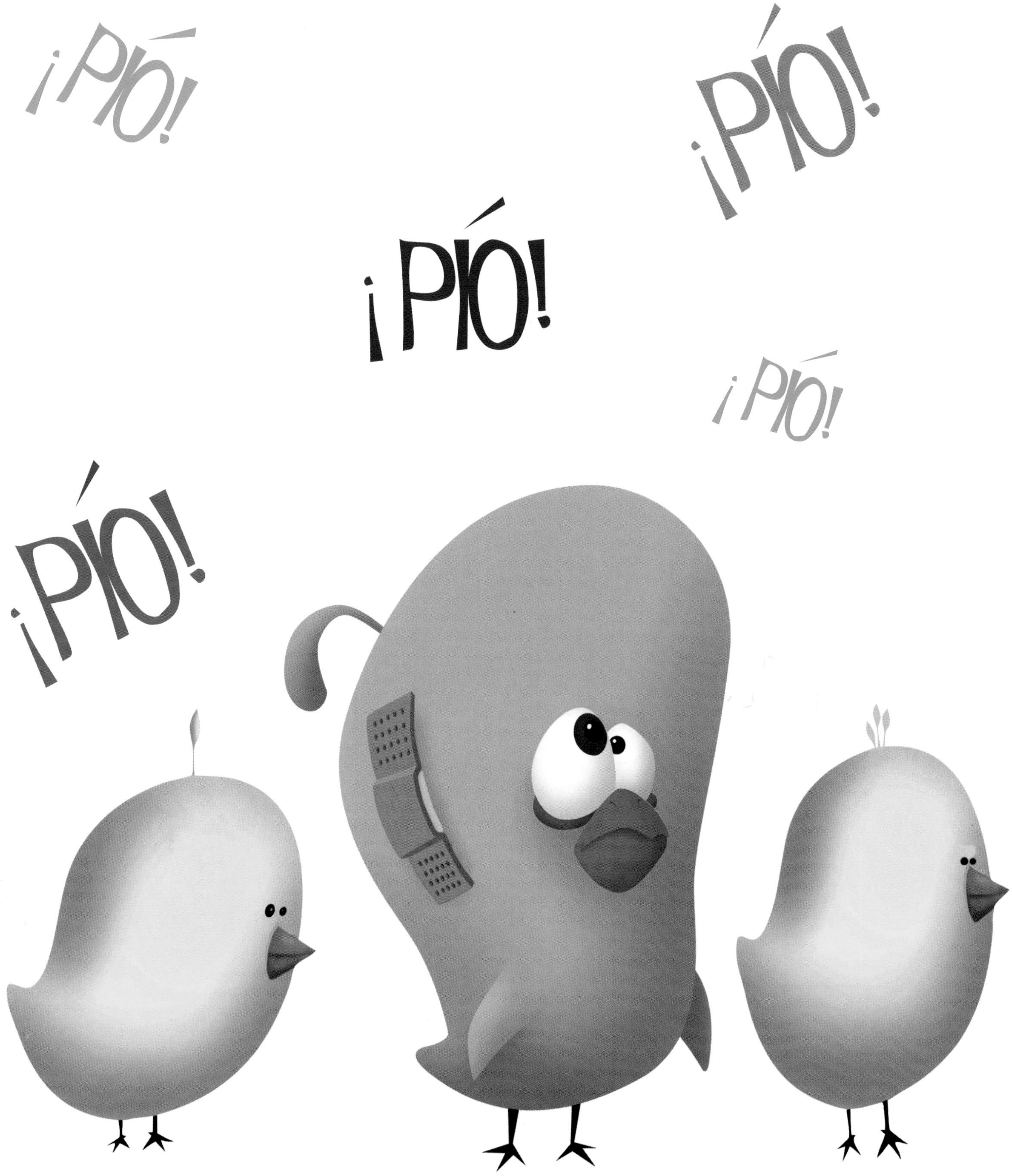
¡PÍO!
¡PÍO!
¡PÍO!
¡PÍO!
¡PÍO!

Veo siete gatas.

Veo ocho ratas.

21

Hay nueve peces. Cinco son azules
y cuatro son rojos.

Veo diez patos. Tienen veinte ojos.

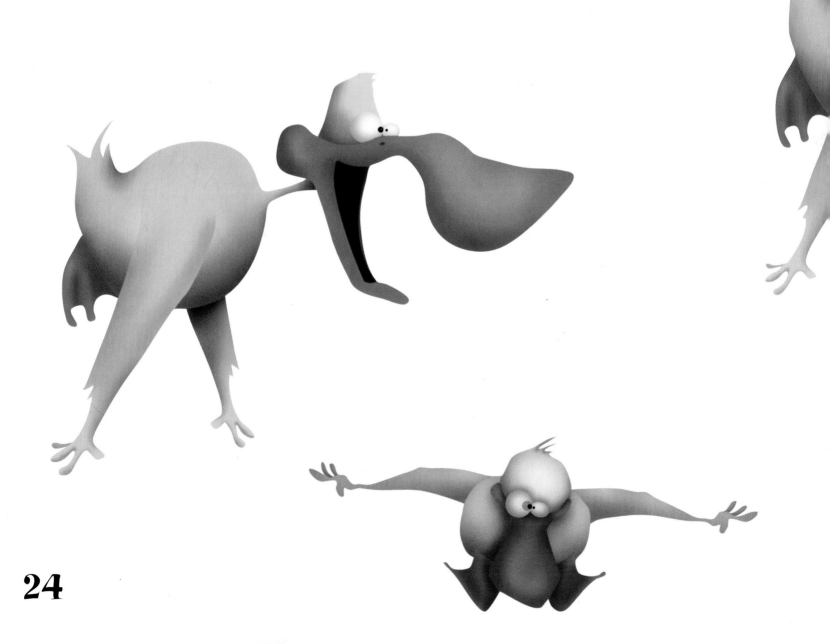

¡Mira! ¡Algo espantoso!
Un gran toro azul.
Parece que está rabioso.

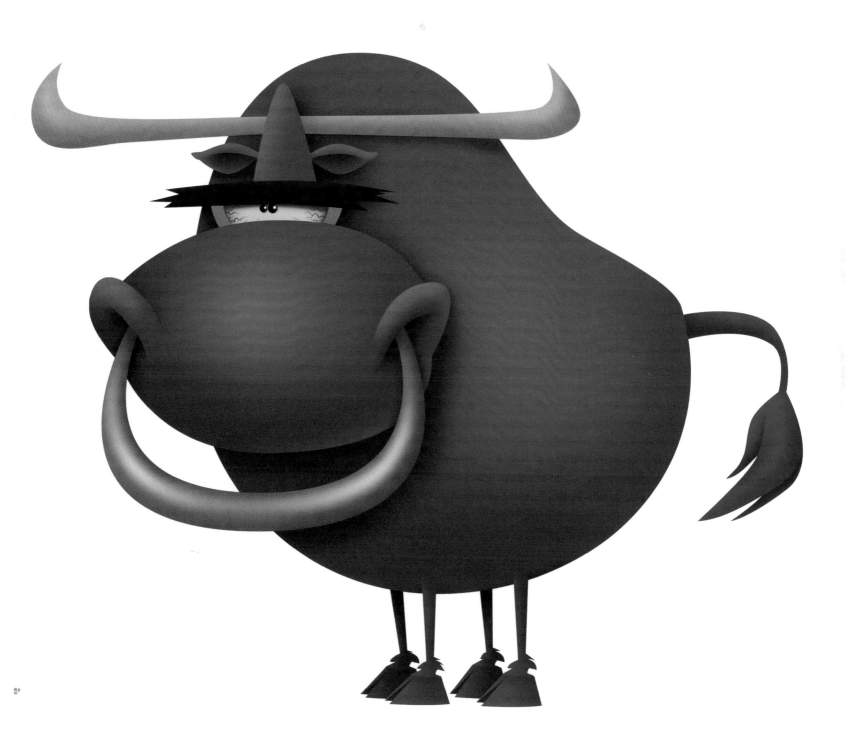

¡He pasado un buen rato contando,
pero es mejor que sigo caminando!

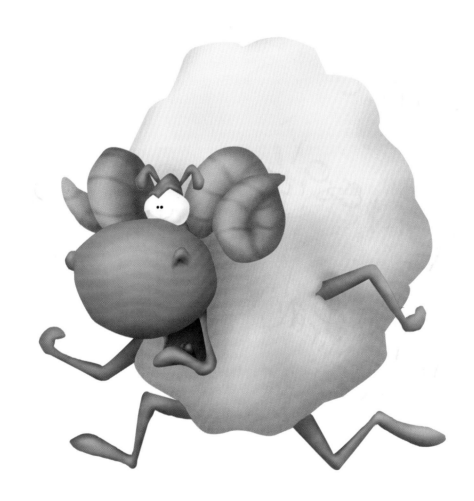

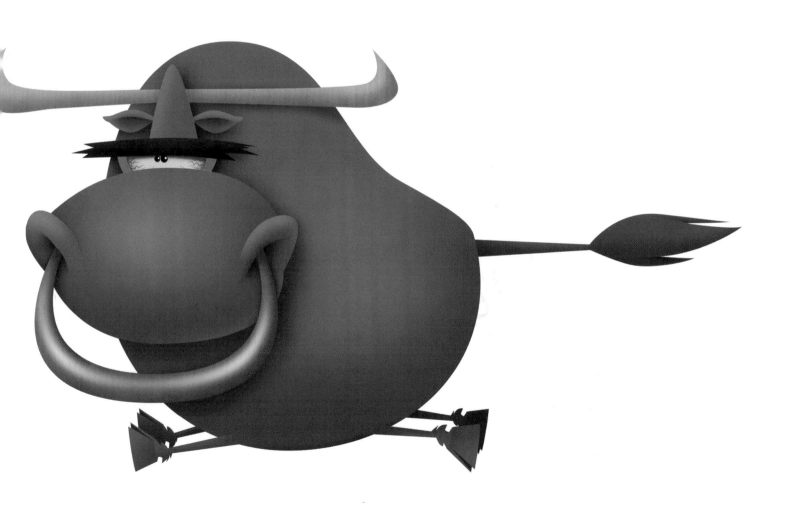

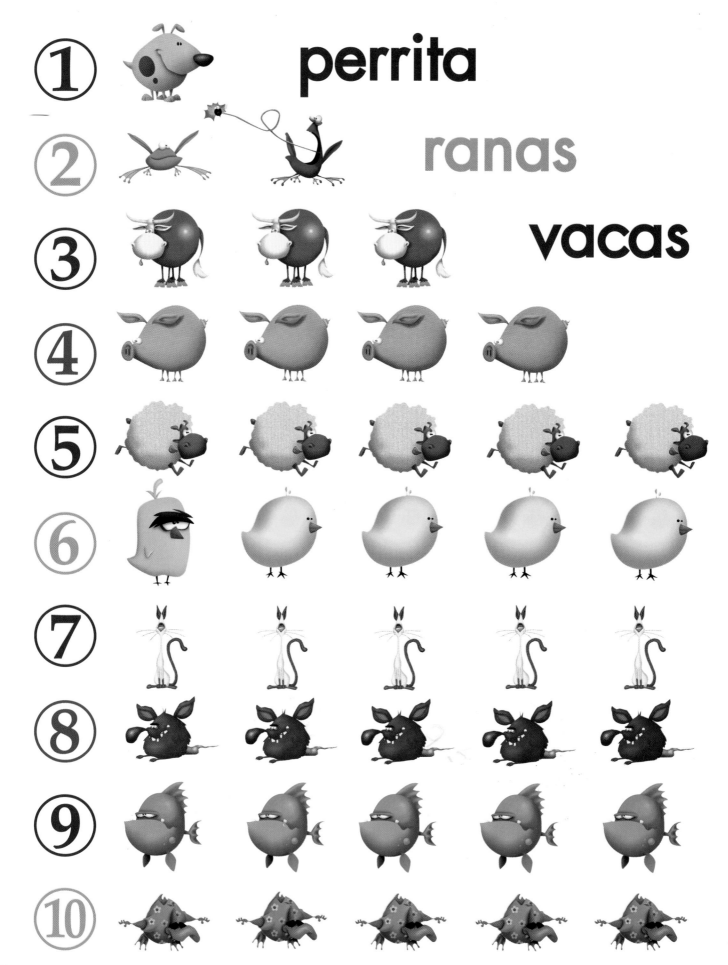

1. perrita

2. ranas

3. vacas

30

GLOSARIO

puercas

ovejas

pollitos

gatas

ratas

peces

patos

31

DATOS SOBRE LOS AUTORES E ILUSTRADORES

 Ben Adams dice que los animales de granja son malolientes, pero sin embargo a él le gusta dibujarlos. Ben vive en su propia casa en Portland, Oregon. Le gusta pasar el tiempo en su jardín podando, regando y convirtiendo sus árboles en esculturas de animales de granja, de tamaño gigante. Algún día espera tener su propia granja y cambiarse su nombre al Granjero Ben.

 Julie Hansen se crió en Tillamook, Oregon, y sabe mucho sobre las vacas. Aunque nunca ha tenido una vaca, ha criado casi toda clase de diferentes animales; perros, gatos, pollos, conejos, ranas, ratas, ratones, peces, patos, culebras, ardillas y una que otra rata almizclera. Vive en Salem, Oregon con su esposo Mark, su hijo Chance, dos gatos, y un perro del tamaño de un gato.

 Kyle Holveck vive en Newberg, Oregon, con su esposa Raydene y su hija Kylie. En Newberg hay muchas granjas y animales. El animal de la granja favorito de Kyle es el rinoceronte, el cual, *como sabemos,* no es un animal de la granja. Como su casa es demasiado pequeña para tener un rinoceronte, Kyle tiene un perro chihuahua llamado Pedro.

 Aaron Peeples considera al Granjero Bob come su héroe. Dice que cualquier hombre se ve bien llevando sobrerropa día tras día, definitivamente tiene que ser un gran persona. Aaron actualmente estudia en la universidad en Portland, Oregon y se entretiene dibujando animales de la granja para Flying Rhinoceros.

 Ray Nelson cree que las vacas y los cerdos son maravillosos. También cree lo mismo del tocino y de las hamburguesas (aún no le hemos dicho de donde provienen el tocino y las hamburguesas). Ray vive en Wilsonville, Oregon con su esposa Theresa. Tienen dos hijos, Alexandria y Zach, y una perrita rara que se llama Molly.

CONTRIBUIDORES: Melody Burchyski, Jennii Childs, Kam Clark, Paul Diener, Lynnea "Mad Dog" Eagle, Annaliese Griffin, Jessica Grilihas, MaryBeth Habecker, Mark Hansen, Lee Lagle, Mari McBurney, Mike McLane, Chris Nelson, Hillery Nye, Kari Rasmussen, Steve Sund y Ranjy Thomas.

Traducido por Bruce International, Inc.

visítenos en línea:
www.flyingrhino.com
o llame al **1-800-537-4466**